全国人民代表大会常务委员会公报版

中华人民共和国
反不正当竞争法

（最新修订本）

中国民主法制出版社

图书在版编目（CIP）数据

中华人民共和国反不正当竞争法：最新修订本/全国人大常委会办公厅供稿．—北京：中国民主法制出版社，2025.6.—ISBN 978-7-5162-4003-8

Ⅰ.D922.294

中国国家版本馆CIP数据核字第2025E0F389号

书名/中华人民共和国反不正当竞争法

出版·发行/中国民主法制出版社
地址/北京市丰台区右安门外玉林里7号（100069）
电话/（010）63055259（总编室）　63058068　63057714（营销中心）
传真/（010）63055259
http：//www.npcpub.com
E-mail：mzfz@npcpub.com
经销/新华书店
开本/32开　850毫米×1168毫米
印张/1.125　字数/17千字
版本/2025年7月第1版　2025年7月第1次印刷
印刷/廊坊市金虹宇印务有限公司

书号/ISBN 978-7-5162-4003-8
定价/8.00元
出版声明/版权所有，侵权必究。

（如有缺页或倒装，本社负责退换）

目　录

中华人民共和国主席令（第五十号）……………（1）

中华人民共和国反不正当竞争法………………（3）
关于《中华人民共和国反不正当竞争法
　（修订草案）》的说明………………………（17）
全国人民代表大会宪法和法律委员会关于
　《中华人民共和国反不正当竞争法
　（修订草案）》审议结果的报告……………（21）
全国人民代表大会宪法和法律委员会关于
　《中华人民共和国反不正当竞争法
　（修订草案二次审议稿）》
　修改意见的报告………………………………（27）

中华人民共和国主席令

第五十号

《中华人民共和国反不正当竞争法》已由中华人民共和国第十四届全国人民代表大会常务委员会第十六次会议于2025年6月27日修订通过，现予公布，自2025年10月15日起施行。

中华人民共和国主席　习近平

2025年6月27日

中华人民共和国反不正当竞争法

（1993年9月2日第八届全国人民代表大会常务委员会第三次会议通过 2017年11月4日第十二届全国人民代表大会常务委员会第三十次会议第一次修订 根据2019年4月23日第十三届全国人民代表大会常务委员会第十次会议《关于修改〈中华人民共和国建筑法〉等八部法律的决定》修正 2025年6月27日第十四届全国人民代表大会常务委员会第十六次会议第二次修订）

目 录

第一章 总 则
第二章 不正当竞争行为
第三章 对涉嫌不正当竞争行为的调查

第四章　法律责任
第五章　附　　则

第一章　总　　则

第一条　为了促进社会主义市场经济健康发展，鼓励和保护公平竞争，预防和制止不正当竞争行为，保护经营者和消费者的合法权益，制定本法。

第二条　经营者在生产经营活动中，应当遵循自愿、平等、公平、诚信的原则，遵守法律和商业道德，公平参与市场竞争。

本法所称的不正当竞争行为，是指经营者在生产经营活动中，违反本法规定，扰乱市场竞争秩序，损害其他经营者或者消费者的合法权益的行为。

本法所称的经营者，是指从事商品生产、经营或者提供服务（以下所称商品包括服务）的自然人、法人和非法人组织。

第三条　反不正当竞争工作坚持中国共产党的领导。

国家健全完善反不正当竞争规则制度，加强反不正当竞争执法司法，维护市场竞争秩序，健全统一、开放、竞争、有序的市场体系。

国家建立健全公平竞争审查制度，依法加强公平竞争审查工作，保障各类经营者依法平等使用生产要素、公平参与市场竞争。

第四条 各级人民政府应当采取措施，预防和制止不正当竞争行为，为公平竞争创造良好的环境和条件。

国务院建立健全反不正当竞争工作协调机制，协调处理维护市场竞争秩序的重大问题。

第五条 县级以上人民政府履行市场监督管理职责的部门对不正当竞争行为进行监督检查；法律、行政法规规定由其他部门监督检查的，依照其规定。

第六条 国家鼓励、支持和保护一切组织和个人对不正当竞争行为进行社会监督。

国家机关及其工作人员不得支持、包庇不正当竞争行为。

行业组织应当加强行业自律，引导、规范本行业的经营者依法竞争，维护市场竞争秩序。

第二章　不正当竞争行为

第七条 经营者不得实施下列混淆行为，引人误认为是他人商品或者与他人存在特定联系：

（一）擅自使用与他人有一定影响的商品名称、包装、装潢等相同或者近似的标识；

（二）擅自使用他人有一定影响的名称（包括简称、字号等）、姓名（包括笔名、艺名、网名、译名等）；

（三）擅自使用他人有一定影响的域名主体部分、网站名称、网页、新媒体账号名称、应用程序名称或者图标等；

（四）其他足以引人误认为是他人商品或者与他人存在特定联系的混淆行为。

擅自将他人注册商标、未注册的驰名商标作为企业名称中的字号使用，或者将他人商品名称、企业名称（包括简称、字号等）、注册商标、未注册的驰名商标等设置为搜索关键词，引人误认为是他人商品或者与他人存在特定联系的，属于前款规定的混淆行为。

经营者不得帮助他人实施混淆行为。

第八条 经营者不得采用给予财物或者其他手段贿赂下列单位或者个人，以谋取交易机会或者竞争优势：

（一）交易相对方的工作人员；

（二）受交易相对方委托办理相关事务的单位或者个人；

（三）利用职权或者影响力影响交易的单位或者个人。

前款规定的单位和个人不得收受贿赂。

经营者在交易活动中，可以以明示方式向交易相对方支付折扣，或者向中间人支付佣金。经营者向交易相对方支付折扣、向中间人支付佣金的，应当如实入账。接受折扣、佣金的经营者也应当如实入账。

经营者的工作人员进行贿赂的，应当认定为经营者的行为；但是，经营者有证据证明该工作人员的行为与为经营者谋取交易机会或者竞争优势无关的除外。

第九条 经营者不得对其商品的性能、功能、质量、销售状况、用户评价、曾获荣誉等作虚假或者引人误解的商业宣传,欺骗、误导消费者和其他经营者。

经营者不得通过组织虚假交易、虚假评价等方式,帮助其他经营者进行虚假或者引人误解的商业宣传。

第十条 经营者不得实施下列侵犯商业秘密的行为:

(一)以盗窃、贿赂、欺诈、胁迫、电子侵入或者其他不正当手段获取权利人的商业秘密;

(二)披露、使用或者允许他人使用以前项手段获取的权利人的商业秘密;

(三)违反保密义务或者违反权利人有关保守商业秘密的要求,披露、使用或者允许他人使用其所掌握的商业秘密;

(四)教唆、引诱、帮助他人违反保密义务或者违反权利人有关保守商业秘密的要求,获取、披露、使用或者允许他人使用权利人的商业秘密。

经营者以外的其他自然人、法人和非法人组织实施前款所列违法行为的,视为侵犯商业秘密。

第三人明知或者应知商业秘密权利人的员工、前员工或者其他单位、个人实施本条第一款所列违法行为,仍获取、披露、使用或者允许他人使用该商业秘密的,视为侵犯商业秘密。

本法所称的商业秘密,是指不为公众所知悉、具有商业价值并经权利人采取相应保密措施的技术信息、经营信息等商业信息。

第十一条　经营者进行有奖销售不得存在下列情形：

（一）所设奖的种类、兑奖条件、奖金金额或者奖品等有奖销售信息不明确，影响兑奖；

（二）有奖销售活动开始后，无正当理由变更所设奖的种类、兑奖条件、奖金金额或者奖品等有奖销售信息；

（三）采用谎称有奖或者故意让内定人员中奖等欺骗方式进行有奖销售；

（四）抽奖式的有奖销售，最高奖的金额超过五万元。

第十二条　经营者不得编造、传播或者指使他人编造、传播虚假信息或者误导性信息，损害其他经营者的商业信誉、商品声誉。

第十三条　经营者利用网络从事生产经营活动，应当遵守本法的各项规定。

经营者不得利用数据和算法、技术、平台规则等，通过影响用户选择或者其他方式，实施下列妨碍、破坏其他经营者合法提供的网络产品或者服务正常运行的行为：

（一）未经其他经营者同意，在其合法提供的网络产品或者服务中，插入链接、强制进行目标跳转；

（二）误导、欺骗、强迫用户修改、关闭、卸载其他经营者合法提供的网络产品或者服务；

（三）恶意对其他经营者合法提供的网络产品或者服务实施不兼容；

（四）其他妨碍、破坏其他经营者合法提供的网络产品或者服务正常运行的行为。

经营者不得以欺诈、胁迫、避开或者破坏技术管理措施等不正当方式，获取、使用其他经营者合法持有的数据，损害其他经营者的合法权益，扰乱市场竞争秩序。

经营者不得滥用平台规则，直接或者指使他人对其他经营者实施虚假交易、虚假评价或者恶意退货等行为，损害其他经营者的合法权益，扰乱市场竞争秩序。

第十四条 平台经营者不得强制或者变相强制平台内经营者按照其定价规则，以低于成本的价格销售商品，扰乱市场竞争秩序。

第十五条 大型企业等经营者不得滥用自身资金、技术、交易渠道、行业影响力等方面的优势地位，要求中小企业接受明显不合理的付款期限、方式、条件和违约责任等交易条件，拖欠中小企业的货物、工程、服务等账款。

第三章　对涉嫌不正当竞争行为的调查

第十六条 监督检查部门调查涉嫌不正当竞争行

为，可以采取下列措施：

（一）进入涉嫌不正当竞争行为的经营场所进行检查；

（二）询问被调查的经营者、利害关系人及其他有关单位、个人，要求其说明有关情况或者提供与被调查行为有关的其他资料；

（三）查询、复制与涉嫌不正当竞争行为有关的协议、账簿、单据、文件、记录、业务函电和其他资料；

（四）查封、扣押与涉嫌不正当竞争行为有关的财物；

（五）查询涉嫌不正当竞争行为的经营者的银行账户。

采取前款规定的措施，应当向监督检查部门主要负责人书面报告，并经批准。采取前款第四项、第五项规定的措施，应当向设区的市级以上人民政府监督检查部门主要负责人书面报告，并经批准。

监督检查部门调查涉嫌不正当竞争行为，应当遵守《中华人民共和国行政强制法》和其他有关法律、行政法规的规定，并应当依法将查处结果及时向社会公开。

第十七条　监督检查部门调查涉嫌不正当竞争行为，被调查的经营者、利害关系人及其他有关单位、个人应当如实提供有关资料或者情况。

第十八条　经营者涉嫌违反本法规定的，监督检查部门可以对其有关负责人进行约谈，要求其说明情况、提出改进措施。

第十九条 监督检查部门及其工作人员对调查过程中知悉的商业秘密、个人隐私和个人信息依法负有保密义务。

第二十条 对涉嫌不正当竞争行为，任何单位和个人有权向监督检查部门举报，监督检查部门接到举报后应当依法及时处理。

监督检查部门应当向社会公开受理举报的电话、信箱或者电子邮件地址，并为举报人保密。对实名举报并提供相关事实和证据的，监督检查部门应当将处理结果及时告知举报人。

第二十一条 平台经营者应当在平台服务协议和交易规则中明确平台内公平竞争规则，建立不正当竞争举报投诉和纠纷处置机制，引导、规范平台内经营者依法公平竞争；发现平台内经营者实施不正当竞争行为的，应当及时依法采取必要的处置措施，保存有关记录，并按规定向平台经营者住所地县级以上人民政府监督检查部门报告。

第四章　法律责任

第二十二条 经营者违反本法规定，给他人造成损害的，应当依法承担民事责任。

经营者的合法权益受到不正当竞争行为损害的，可以向人民法院提起诉讼。

因不正当竞争行为受到损害的经营者的赔偿数额，按照其因被侵权所受到的实际损失或者侵权人因侵权所获得的利益确定。经营者故意实施侵犯商业秘密行为，情节严重的，可以在按照上述方法确定数额的一倍以上五倍以下确定赔偿数额。赔偿数额还应当包括经营者为制止侵权行为所支付的合理开支。

经营者违反本法第七条、第十条规定，权利人因被侵权所受到的实际损失、侵权人因侵权所获得的利益难以确定的，由人民法院根据侵权行为的情节判决给予权利人五百万元以下的赔偿。

第二十三条 经营者违反本法第七条规定实施混淆行为或者帮助他人实施混淆行为的，由监督检查部门责令停止违法行为，没收违法商品。违法经营额五万元以上的，可以并处违法经营额五倍以下的罚款；没有违法经营额或者违法经营额不足五万元的，可以并处二十五万元以下的罚款；情节严重的，并处吊销营业执照。

销售本法第七条规定的违法商品的，依照前款规定予以处罚；销售者不知道其销售的商品属于违法商品，能证明该商品是自己合法取得并说明提供者的，由监督检查部门责令停止销售，不予行政处罚。

经营者登记的名称违反本法第七条规定的，应当及时办理名称变更登记；名称变更前，由登记机关以统一社会信用代码代替其名称。

第二十四条 有关单位违反本法第八条规定贿赂他人或者收受贿赂的，由监督检查部门没收违法所得，处十万元以上一百万元以下的罚款；情节严重的，处一百万元以上五百万元以下的罚款，可以并处吊销营业执照。

经营者的法定代表人、主要负责人和直接责任人员对实施贿赂负有个人责任，以及有关个人收受贿赂的，由监督检查部门没收违法所得，处一百万元以下的罚款。

第二十五条 经营者违反本法第九条规定对其商品作虚假或者引人误解的商业宣传，或者通过组织虚假交易、虚假评价等方式帮助其他经营者进行虚假或者引人误解的商业宣传的，由监督检查部门责令停止违法行为，处一百万元以下的罚款；情节严重的，处一百万元以上二百万元以下的罚款，可以并处吊销营业执照。

经营者违反本法第九条规定，属于发布虚假广告的，依照《中华人民共和国广告法》的规定处罚。

第二十六条 经营者以及其他自然人、法人和非法人组织违反本法第十条规定侵犯商业秘密的，由监督检查部门责令停止违法行为，没收违法所得，处十万元以上一百万元以下的罚款；情节严重的，处一百万元以上五百万元以下的罚款。

第二十七条 经营者违反本法第十一条规定进行有奖销售的，由监督检查部门责令停止违法行为，处五万元以上五十万元以下的罚款。

第二十八条 经营者违反本法第十二条规定损害其他经营者商业信誉、商品声誉的，由监督检查部门责令停止违法行为、消除影响，处十万元以上一百万元以下的罚款；情节严重的，处一百万元以上五百万元以下的罚款。

第二十九条 经营者违反本法第十三条第二款、第三款、第四款规定利用网络从事不正当竞争的，由监督检查部门责令停止违法行为，处十万元以上一百万元以下的罚款；情节严重的，处一百万元以上五百万元以下的罚款。

第三十条 平台经营者违反本法第十四条规定强制或者变相强制平台内经营者以低于成本的价格销售商品的，由监督检查部门责令停止违法行为，处五万元以上五十万元以下的罚款；情节严重的，处五十万元以上二百万元以下的罚款。

第三十一条 经营者违反本法第十五条规定滥用自身优势地位的，由省级以上人民政府监督检查部门责令限期改正，逾期不改正的，处一百万元以下的罚款；情节严重的，处一百万元以上五百万元以下的罚款。

第三十二条 经营者违反本法规定从事不正当竞争，有主动消除或者减轻违法行为危害后果等法定情形的，依法从轻或者减轻行政处罚；违法行为轻微并及时纠正，没有造成危害后果的，不予行政处罚。

第三十三条 经营者违反本法规定从事不正当竞争，受到行政处罚的，由监督检查部门记入信用记录，并依照有关法律、行政法规的规定予以公示。

第三十四条 经营者违反本法规定，应当承担民事责任、行政责任和刑事责任，其财产不足以支付的，优先用于承担民事责任。

第三十五条 妨害监督检查部门依照本法履行职责，拒绝、阻碍调查的，由监督检查部门责令改正，对个人可以处一万元以下的罚款，对单位可以处十万元以下的罚款。

第三十六条 当事人对监督检查部门作出的决定不服的，可以依法申请行政复议或者提起行政诉讼。

第三十七条 监督检查部门的工作人员滥用职权、玩忽职守、徇私舞弊或者泄露调查过程中知悉的商业秘密、个人隐私或者个人信息的，依法给予处分。

第三十八条 违反本法规定，构成违反治安管理行为的，依法给予治安管理处罚；构成犯罪的，依法追究刑事责任。

第三十九条 在侵犯商业秘密的民事审判程序中，商业秘密权利人提供初步证据，证明其已经对所主张的商业秘密采取保密措施，且合理表明商业秘密被侵犯，涉嫌侵权人应当证明权利人所主张的商业秘密不属于本法规定的商业秘密。

商业秘密权利人提供初步证据合理表明商业秘密被

侵犯,且提供以下证据之一的,涉嫌侵权人应当证明其不存在侵犯商业秘密的行为:

(一)有证据表明涉嫌侵权人有渠道或者机会获取商业秘密,且其使用的信息与该商业秘密实质上相同;

(二)有证据表明商业秘密已经被涉嫌侵权人披露、使用或者有被披露、使用的风险;

(三)有其他证据表明商业秘密被涉嫌侵权人侵犯。

第五章 附 则

第四十条 在中华人民共和国境外实施本法规定的不正当竞争行为,扰乱境内市场竞争秩序,损害境内经营者或者消费者的合法权益的,依照本法以及有关法律的规定处理。

第四十一条 本法自2025年10月15日起施行。

关于《中华人民共和国 反不正当竞争法 （修订草案）》的说明

——2024年12月21日在第十四届全国人民代表大会常务委员会第十三次会议上

国家市场监督管理总局局长　罗　文

委员长、各位副委员长、秘书长、各位委员：

我受国务院委托，现对《中华人民共和国反不正当竞争法（修订草案）》（以下简称草案）作说明。

一、修订背景和过程

党中央、国务院高度重视强化反不正当竞争工作。习近平总书记多次作出重要指示批示，深刻指出反不正当竞争是完善社会主义市场经济体制、推动高质量发展的内在要求，要健全法律法规，促进形成公平竞争的市场环境，为各类经营主体特别是中小企业创造广阔的发展空间，更好保护消费者权益。党的二十届三中全会对加强公平竞争审查刚性约束，强化反垄断和反不正当竞争作出部署。李强总理强调，要着力营造公平竞争的市场环境，健全透明、可预期的常态化监管制度。

现行反不正当竞争法于1993年公布施行，并于2017年、2019年两次修改。反不正当竞争法施行以来，对于制止不正当竞争行为、保护经营者和消费者合法权益、维护公平竞争市场秩序发挥了重要作用。实践证明，现行反不正当竞争法的框架和主要制度总体可行。与此同时，随着经济快速发展，反不正当竞争法在实施中也面临一些新的问题。例如，交易活动中的商业贿赂多发，需要进一步予以规制；一些平台经营者利用数据和算法、平台规则等实施网络不正当竞争等。因此，迫切需要对现行反不正当竞争法进行有针对性的修改完善。反不正当竞争法修订已分别列入全国人大常委会和国务院2024年度立法工作计划。

为贯彻落实党中央、国务院决策部署，司法部、市场监管总局深入调查研究，向社会公开征求意见，多次征求中央有关单位和各省级人民政府意见，专题听取有关专家学者的意见建议，就重点问题开展研究论证，反复研究修改，形成了草案。草案已经国务院常务会议讨论通过。

二、总体思路和主要内容

草案以习近平新时代中国特色社会主义思想为指导，深入贯彻落实党中央、国务院决策部署。一是统筹活力和秩序、效率和公平，推动有效市场和有为政府更好结合，合理明确经营者义务，为各类经营者公平参与市场竞争创造良好制度环境。二是坚持问题导向，总结监管实践经验，针对近年来查处不正当竞争行为时面临的新情况新问题，完善相关制度规则，维护中小企业发展空间，保护消费者权益。三是进一步夯实加强和改进反不正当竞争监管执法的制度基础，科学调整处罚额度，加大对严重破坏公平竞争秩序的不正当竞争行为的处罚力度，营造稳定可预期的市场化法治化营商环境。

草案共五章四十一条，主要修订了以下内容：

（一）明确反不正当竞争总体要求。为确保反不正当竞争工作正确政治方向，规定反不正当竞争工作坚持中国共产党的领导；国家健全完善反不正当竞争规则制度，加强反不正当竞争执法司法，维护公平竞争秩序。完善部门职责表述，规定县级以上人民政府反不正当竞争行政主管部门对不正当竞争行为进行查处，法律、行政法规规定由其他部门查处的，依照其规定。

（二）完善不正当竞争行为相关规定。一是完善规制混淆行为的情形。规定经营者不得擅自使用他人有一定影响的新媒体账号名称、应用程序名称或者图标，或是擅自将他人有一定影响的商品名称、企业名称等设置为其搜索关键词，引起混淆；经营者也不得为他人实施混淆行为提供便利。二是强化商业贿赂治理。坚持"行贿受贿一起查"，在现行禁止实施贿赂规定的基础上，增加单位和个人不得在交易活动中收受贿赂的规定。三是完善网络不正当竞争监管制度。规定平台经营者应当依法在平台服务协议和交易规则中明确平台内公平竞争规则，及时采取必要措施制止平台内经营者不正当竞争行为。经营者不得利用数据和算法、技术、平台规则等，实施恶意交易等不正当竞争行为。同时，草案还完善了虚假宣传、不正当有奖销售、商业诋毁、滥用优势地位损害中小企业合法权益等行为相关规定。

（三）完善反不正当竞争监管和处罚规定。按照行政处罚法规定的过罚相当、处罚与教育相结合原则，丰富监管措施，科学调整处罚额度。一是增加规定经营者涉嫌违反本法规定的，监督检查部门可以对其法定代表人或者负责人进行约谈，要求其采取措施及时整改。二是加大对不正当竞争行为的处罚力度。增加对实施商业贿赂的经营者的法定代表人、主要负责人和直接责任人员等"处罚到人"规定；补充对在交易活动中收受贿赂的单位和个人有关罚则。

此外，草案还规定了本法的域外适用效力。

草案和以上说明是否妥当，请审议。

全国人民代表大会宪法和法律委员会关于《中华人民共和国反不正当竞争法（修订草案）》审议结果的报告

全国人民代表大会常务委员会：

常委会第十三次会议对反不正当竞争法修订草案进行了初次审议。会后，法制工作委员会将修订草案印发部分中央有关单位、地方人大、基层立法联系点、高等院校等征求意见；在中国人大网公布修订草案全文，征求社会公众意见；宪法和法律委员会、财政经济委员会、法制工作委员会联合召开座谈会，听取中央有关部门、全国人大代表、企业和专家学者等的意见。宪法和法律委员会、法制工作委员会还到广东、江苏、山东、浙江进行调研，听取地方政府有关部门、企业等的意见；并就修订草案有关重要问题与司法部、市场监管总局等部门多次交换意见，共同研究。宪法和法律委员会于6月4日召开会议，根据常委会组成人员的审议意见和各方面的意见，对修订草案进行了逐条审议。财政经济委员会、司法部、市场监管总局有关负责同志列席了会议。6月16日，宪法和法律委员会召开会议，再次进行了审议。宪法和法律委员会认为，修订草案经过审议修改，已经比较成熟。同时，提出以下主要修改意见：

一、有的常委会组成人员、全国人大代表提出，党中央强调"综合整治'内卷式'竞争，规范地方政府和企业行为"，对行政机关起草的涉及经营者经济活动的政策措施依法开展公平竞争审查，并加大对平台不正当竞争行为的监管力度，是规范政府和企业行为、治理"内卷式"竞争的重要举措。建议增加规定公平竞争审查制度，并修改完善治理平台"内卷式"竞争方面的规定。宪法和法律委员会经研究，建议增加规定："国家建立健全公平竞争审查制度，依法加强公平竞争审查工作，保障各类经营者依法平等使用生产要素、公平参与市场竞争。"将修订草案第十四条修改为："平台经营者不得强制或者变相强制平台内经营者按照其定价规则，以低于成本的价格销售商品，扰乱市场竞争秩序。"

二、修订草案第四条删除了现行反不正当竞争法第三条第二款关于反不正当竞争工作协调机制的规定，修订草案第五条将现行法第四条中的"履行工商行政管理职责的部门"修改为"反不正当竞争行政主管部门"。有些常委会组成人员、部门和地方提出,反不正当竞争工作主要由市场监管部门负责,同时涉及其他多个部门,实践中有必要通过协调机制加强对反不正当竞争工作的统筹协调,我国已建立了相关协调机制且运行良好,建议修订草案恢复现行法关于协调机制的规定;此外,修订草案规定的"反不正当竞争行政主管部门"指向的具体部门不清楚,建议明确为履行市场监督管理职责的部门。宪法和法律委员会经研究,建议采纳上述意见,并对相关规定作相应修改。

三、修订草案第六条第四款对平台经营者处置平台内经营者不正当竞争行为作了规定。有的部门、单位和企业提出,在网络经济时代,平台经营者应当在规范平台内经营者的竞争行为、处置不正当竞争方面发挥更大的作用,建议进一步修改完善相关规定,合理设置平台经营者的义务。宪法和法律委员会经研究,建议将该款移至第三章,修改为:"平台经营者应当在平台服务协议和交易规则中明确平台内公平竞争规则,建立不正当竞争举报投诉和纠纷处置机制,引导、规范平台内经营者依法公平竞争;发现平台内经营者实施不正当竞争行为的,应当及时依法采取必要的处置措施,保存有关记录,并按规定向平台经营者住所地县级以上人民政府监督检查部门报告。"

四、修订草案第七条第一款第四项、第五项规定,经营者不得擅自将他人注册商标、未注册的驰名商标作为企业名称中的字号使用，不得擅自将他人有一定影响的商品名称、企业名称（包括简称、字号等）等设置为其搜索关键词。有的部门、全国人大代表、地方和企业提出，这两项规定的行为是否属于混淆类型的不正当竞争行为不宜一概而论，为避免这两项规定在实践中被滥用，建议明确这些行为只有"引人误认为是他人商品或者与他人存在特定联系的"才属于混淆类型的不正当竞争行为。宪法和法律委员会经研究，建议采纳这一意见，并将这两项合并为一款作相应修改。

五、修订草案第十三条第二款第四项、第五项对侵害数据权益、恶意交易等不正当竞争行为作了规定。有的部门、地方、企业和社会公众提出，侵害数据权益、恶意交易不属于该款规范的"妨碍、破坏其他经营者合法提供的网络产品或者服务正常运行的行为"，建议单独规定，平衡好数据保护和数据利用的关系，完善数据不正当竞争行为的构成要件；实践中恶意交易有多种表现形式，建议进一步细化。宪法和法律委员会经研究，建议分别修改为："经营者不得以欺诈、胁迫、避开或者破坏技术管理措施等不正当方式，获取、使用其他经营者合法持有的数据，损害其他经营者的合法权益，扰乱市场竞争秩序。""经营者不得滥用平台规则，直接或者指使他人对其他经营者实施虚假交易、虚假评价或者恶意退货等行为，损害其他经营者的合法权益，扰乱市场竞争秩序。"

六、修订草案第十五条对大型企业等经营者滥用自身优势地位扰乱公平竞争秩序作了规定。有些常委会组成人员、部门、地方、企业和社会公众提出,本条存在被滥用的风险,实践中容易影响交易安全和交易秩序,建议适当限制其适用范围,聚焦于拖欠中小企业账款问题。宪法和法律委员会经研究,建议贯彻落实党中央关于解决拖欠中小企业账款的精神,将本条修改为:"大型企业等经营者不得滥用自身资金、技术、交易渠道、行业影响力等方面的优势地位,要求中小企业接受明显不合理的付款期限、方式、条件和违约责任等交易条件,拖欠中小企业的货物、工程、服务等账款。"同时,将行政处罚机关的层级提高至"省级以上人民政府监督检查部门"。

还有一个问题需要报告。有些常委会组成人员、单位、地方和企业建议,增加关于低价倾销、招标投标、网络直播带货、"大数据杀熟"等方面的规定。宪法和法律委员会研究认为,价格法、反垄断法、招标投标法、电子商务法、消费者权益保护法等法律对相关问题已作了规定,反不正当竞争法可不作重复规定。建议有关部门加强执法,切实做好法律的贯彻实施。

此外,还对修订草案作了一些文字修改。

6月16日,法制工作委员会召开会议,邀请基层有关部门、全国人大代表、专家学者、企业等,就修订草案主要制度规范的可行性、出台时机、实施的社会效果和可能出现的问题等进行评估。与会人员一致认为，修订草案贯彻落实习近平总书记关于反不正当竞争工作的重要指示批示精神和党中央决策部署，吸收相关政策内容和成熟实践经验，坚持问题导向，科学统筹有效市场和有为政府的关系，妥善处理反不正当竞争法和其他法律的关系，具有较强的针对性和可操作性；修订草案充分吸收了各方面意见，已经比较成熟，建议审议通过。同时，还对修订草案提出了一些具体修改意见，宪法和法律委员会对有的意见予以采纳。

修订草案二次审议稿已按上述意见作了修改，宪法和法律委员会建议提请本次常委会会议审议通过。

修订草案二次审议稿和以上报告是否妥当，请审议。

全国人民代表大会宪法和法律委员会
2025 年 6 月 24 日

全国人民代表大会宪法和法律委员会关于《中华人民共和国反不正当竞争法(修订草案二次审议稿)》修改意见的报告

全国人民代表大会常务委员会：

本次常委会会议于 6 月 24 日下午对反不正当竞争法修订草案二次审议稿进行了分组审议。普遍认为，修订草案已经比较成熟，建议进一步修改完善后，提请本次常委会会议表决通过。同时，有些常委会组成人员和列席人员还提出了一些修改意见和建议。宪法和法律委员会于 6 月 24 日晚召开会议，逐条研究了常委会组成人员和列席人员的审议意见，对修订草案进行了审议。财政经济委员会、司法部、市场监管总局有关负责同志列席了会议。宪法和法律委员会认为，修订草案是可行的，同时，提出以下修改意见：

一、修订草案二次审议稿第七条第二款规定，擅自将他人有一定影响的商品名称、企业名称（包括简称、字号等）等设置为其搜索关键词，引人误认为是他人商品或者与他人存在特定联系的，属于混淆行为。有的常委委员提出，经营者将他人注册商标、未注册的驰名商标设置为搜索关键词导致混淆的情况也比较普遍，应当对这种情形予以明确。宪法和法律委员会经研究，建议将"有一定影响的商品名称、企业名称（包括简称、字号等）"修改为"商品名称、企业名称（包括简称、字号等）、注册商标、未注册的驰名商标"。

二、修订草案二次审议稿第十六条第三款规定，监督检查部门调查涉嫌不正当竞争行为，应当将查处结果及时向社会公开。有的常委委员提出，行政处罚法规定具有一定社会影响的行政处罚决定应当依法公开，本款要求将所有查处结果均向社会公开，实践中难以做到，建议做好与行政处罚法的衔接。宪法和法律委员会经研究，建议将本款中的"应当"修改为"应当依法"。

还有一个问题需要报告。有些常委会组成人员建议，增加关于检察公益诉讼的规定。这个问题在修订草案起草环节就提出过。宪法和法律委员会也就该问题与有关方面进行多次沟通。宪法和法律委员会经研究认为，检察公益诉讼法已经列入十四届全国人大常委会立法规划和 2025 年度立法工作计划，有关方面正积极推进检察公益诉讼法的起草工作，反不正当竞争公益诉讼问题宜在检察公益诉讼法中统一考虑。

经与有关方面研究，建议将修订后的反不正当竞争法的施行时间确定为2025年10月15日。

此外，根据常委会组成人员的审议意见，还对修订草案二次审议稿作了一些文字修改。

修订草案修改稿已按上述意见作了修改，宪法和法律委员会建议提请本次常委会会议审议通过。

修订草案修改稿和以上报告是否妥当，请审议。

全国人民代表大会宪法和法律委员会
2025年6月26日